介護職員スキルアップテキスト2

マンガでわかる
トラブル解決事例集

知っててよかった困った時の対応術

編著：是枝祥子

日本医療企画

はじめに

　訪問介護サービスは、利用者の家に出向いて提供するサービスです。利用者の家庭はさまざまで、生活環境も違いますし生活の仕方も違います。その違いの中で多様なニーズに沿った介護サービスを限られた時間内で提供します。また施設の場合も、ハード面は同じ環境であっても利用者一人ひとりの心身状態は違うため、個別のケアを提供します。つまり、どのような状況でも、利用者の状態は当然変化しますので、常に利用者の体調を確認しながらサービスを行います。介護職員は、その場面その場面で、状態・状況を把握し、その状態や状況に応じて安全に配慮し介護することになりますが、いつもと同じように介護を行っていても、事故にこそならないけれど「ヒヤリ」としたり「ハッ」とすることは誰しも経験するでしょう。このことを「ヒヤリハット」あるいは「インシデント」と言い、この体験は介護職員にとって介護事故を起こさないための重要なポイントでもあります。この「ヒヤリハット」「インシデント」の経験を共有し、適切に活かすことで、利用者の安全を守る介護ができるのです。

　本書では、「ヒヤリハット」「インシデント」の意味を理解し、実践に活かせるようにたくさんの事例を示しました。介護職員の多くは、自分も同様な体験をしたと実感することでしょう。そのことを振り返って、より適切に介護できるように技術を修得しておくことが、専門職としては大切です。遭遇するかもしれない事故とその予防の視点を本書から得ていただき、それらを参考にして活かすことで、利用者のこころからの笑顔に出会うことができると思います。そして、安心して介護の仕事を続けていただけることを期待しています。

本書の使い方

Part1とPart2の2部構成です。Part1で、ヒヤリハットの重要性や注意すべきポイント等を学び、Part2で、ヒヤリハット事例を基に具体的な対応策を学びます。居宅でも施設でも起こり得る40事例を取り上げていますので、どのサービスでも応用できると思います。介護現場の問題は多種多様で、答えが1つとは限りません。対応策を参考に、よりよい援助を目指してください。

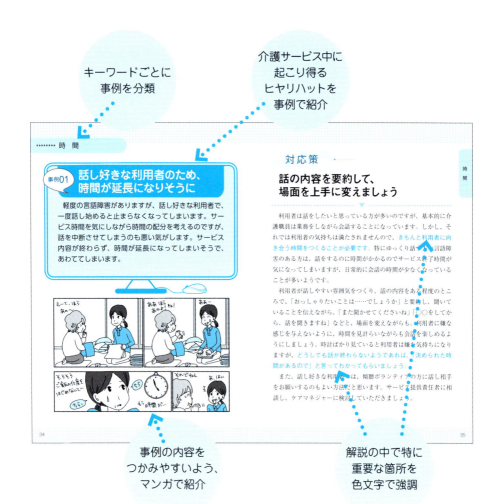

キーワードごとに事例を分類

介護サービス中に起こり得るヒヤリハットを事例で紹介

事例の内容をつかみやすいよう、マンガで紹介

解説の中で特に重要な箇所を色文字で強調

● 目　次 ●

はじめに

本書の使い方 ……………………………………………………………… 2

Part 1　介護現場のヒヤリハット ……………………………………… 5
　1．「ヒヤリハット」の意味 …………………………………………… 6
　2．なぜ「ヒヤリハット」を学ぶのか ………………………………… 8
　3．「ヒヤリハット」の体験を記録する ……………………………… 10
　4．報告時の配慮 ……………………………………………………… 12
　5．記録、報告 ………………………………………………………… 13
　6．事例からの学び …………………………………………………… 18

Part 2　トラブル解決事例40 …………………………………………… 33
　時間 …………………………………………………………………… 34
　生活援助 ……………………………………………………………… 40
　身体介護 ……………………………………………………………… 52
　医療的ケア …………………………………………………………… 64
　コミュニケーション ………………………………………………… 72
　外出介助 ……………………………………………………………… 82
　認知症高齢者 ………………………………………………………… 92
　家族対応 ……………………………………………………………… 100
　その他 ………………………………………………………………… 106

Part 1
介護現場のヒヤリハット

1. 「ヒヤリハット」の意味
2. なぜ「ヒヤリハット」を学ぶのか
3. 「ヒヤリハット」の体験を記録する
4. 報告時の配慮
5. 記録、報告
6. 事例からの学び

1 「ヒヤリハット」の意味

　介護は契約に基づいて提供します。介護保険制度での介護はケアマネジメントに沿って提供します。施設も在宅もケアプランと連動した個別の介護計画を作成し、目標を意識して、個々の留意点を十分理解して介護を行っています。もちろん「事故を起こさない」ように、計画にある留意点や配慮点等を理解しながら日々介護を行っています。

　しかし、どんなに配慮していても介護事故は起きてしまうことがあります。大きな介護事故が少ないことは確かですが、実践の場では、事故にはならないものの「ヒヤリ」としたり「ハッ」とすることは数多く、ひやひやドキドキの連続と言っても過言ではありません。「ヒヤリハット」を経験したときは、その「ヒヤリハット」の原因を分析し、その後の対応を適切に行うことが重要なのです。

　「ヒヤリハット」は、結果的には重大な事故や災害にはつながらなかったものの、場合によってはつながってもおかしくないもので、「ヒヤリ」としたり「ハッ」とするような事故寸前の危険な事例を指します。利用者には直接なにも被害はなかったとしても、介護職員にとっては、もしかしたら事故になっていたかもしれないという出来事で、「よかった」とホッとする一方、「気をつけなければいけない」と実感するきっかけとなります。なかには、その援助場面ではドキッとしたにもかかわらず、形にはならないので、忙しい時間とともに薄れて意識化しないまま過ぎてしまい、同じようなことが何度も重なった結果、大きな事故になってしまうこともあります。介護事故と「ヒヤリハット」は重要な関連があり、『ハインリッヒの法則』によって示されています。

ハインリッヒの法則とは、アメリカのハーバード・ウイリアム・ハインリッヒが考えた法則で、工場で発生した労働災害を統計的に調べ、導きだした法則です。統計から表れた数字は「1：29：300」でした。重大な災害1件について、その背後には29件の軽微な災害、さらにその背後には300件の「ヒヤリハット」が起きていることを示しています。つまり1つの事故の陰には、多くの小さなミスがあり、小さなミスの陰には、その10倍以上の「ヒヤリハット」体験が隠れているということです。事故を防止するためには、「ヒヤリハット」の段階で対応を考えることが重要であることを示唆しています。

2 なぜ「ヒヤリハット」を学ぶのか

　介護サービスは利用者が安心・安全に暮らすことを支援するものですから、想定できる事故を未然に防ぐのは当たり前のことです。介護職員には利用者の安心・安全を保障する責務があるのです。そのために、知識や技術を修得し、洞察力や推測力、応用力を培（つちか）っていきます。介護職員として自己研鑽も必要ですが、事業所としても組織的に事故予防に取り組んでいく必要があります。事業所は、事故・災害の発生原因の把握、損失などの回避策の検討、事故の危険性の分析、事故が起こったときの対応などの取り組みを明確にしておく必要があり、リスクを組織的にマネジメントしていかなければなりません。これらのことを曖昧にして、事故や災害が起こってしまうと、利用者だけではなく経営にも影響し、社会的な制裁を受ける場合もあります。

　事業所や介護職員は、利用者の個別の生活を支援するために、事故予防策や事故発生時の対応策を具体化し、利用者や家族との信頼関係を築き、事故が起きないようにきめ細かくアセスメントし、利用者のニーズに沿った介護サービス計画を作成し、安心して介護できる環境を整備します。起こった事故に対しては、一つひとつの事例を文書化し職員全員が共有することで、安全対策に努めていきます。

　「ヒヤリハット」も同様で、発生状況を把握・分析し、解決方法を検討します。事故や「ヒヤリハット」を定期的に分析し、マニュアルの作成、根拠の明確化、教育研修の充実などの対策を行うことは、事故を未然に防ぐための重要な要素なのです。ヒヤリハットの事例を共有し、対策を学ぶことが大切なのです。また、まだ表面に出てきていない「ヒ

ヤリハット」をあぶり出すことにもつながります。

　「ヒヤリハット」を具体的に記録に残すことで、危険を回避した証にもなり、利用者の介護予防になったことの証になります。「ヒヤリハット」は介護職員が直接体験したことなので、再度起こる可能性が大きく重要な情報として活用しましょう。

3 「ヒヤリハット」の体験を記録する

　「ヒヤリハット」体験は、体験した介護職員の気持ちの中にあるものなので、誰かに話さなければわからないものでもあります。特に形とならないものなので、利用者は被害にあったとは思わないことが多く、その場面が過ぎてしまえば忘れられてしまいます。

　しかし、この「ヒヤリハット」を放置しておくと事故につながることは、多くの事例から予測できることでもあります。安全を守るという視点から、これらの「ヒヤリハット」を活かすことが必要になってくることがわかっていても、当事者である介護職員自身が言葉で話すか記録として残さないと他者には伝わりません。

　事業所によっては、容易に伝えることができる雰囲気といえないばかりか、「ヒヤリハット」体験を話すと未熟な介護職員であるかのような扱いになることもないとは言えません。

　また、非正規職員か正規職員か等の勤務形態によっても、伝えやすさが違う場合があるように思います。しかし、介護を業(なりわい)とする人たちは、利用者の暮らしを支えるのが職務ですから、安全を守る責任があるのは、どのような立場であっても同じです。

　利用者の安心・安全な暮らしを支援するために、「ヒヤリハット」を体験した場合は、どんなに些細な体験でも記録に残しておきます。事業所は書類として様式を整備して、いつでも記録できるようにしておきましょう。公式の様式はありませんが、利用者名、担当介護職員名、年月日、時間、どのような場面で起こったか、なぜ起こったか等、具体的かつ正確に記載できればよいと思います（ひな形として、15頁参

照)。

　そして、記録するだけでなく、カンファレンスなどで定期的に振り返り、分析して、なぜ起こったのかを明確にし、今後起こらないようにするためにはどうすればよいかを検討し、具体的なかかわり方を明記して、実践に活かしていきます。体験したらすぐに記録することで、他の介護職員も速やかに伝わり、留意して介護することができます。

4 報告時の配慮

　誰でも失敗しそうだったことを報告するのは気持ちがよいものではありません。しかし、そのままにしておくと重大な事故につながってしまう恐れがあります。事故を未然に防ぐことができる糸口に気づくのは、とても重要なことなのです。専門職として知識や技術を修得しているから気づくのであって、単に気がついたのではなく、観察しながら専門性を発揮しているからこそ感じとることができるのです。「ヒヤリハット」に気づくことは、介護職員にとってよい体験なのです。

　報告を受ける側は、事故を未然に防ぐ材料を提供してもらうことになるのですから、報告してくれることを奨励しましょう。報告する気持ちを汲んで、今後気をつけるためにどうすればよいかを一緒に考える姿勢を見せましょう。決して、咎めるような言動はせずに、いつでも、気軽に報告できる雰囲気をつくっておくことが大切です。だからといって、記録を受け取るだけではなく、内容を確認しながら、利用者の安心・安全な暮らしを支援するのが仕事であることを意識するよう声かけをしましょう。

5 記録、報告

●事例概要

　年齢89歳、女性、要介護2、認知症があります。長男と同居していますが、長男は勤務があり、日中は独居です。訪問介護（ホームヘルプサービス）で、月・水・金曜日の週3回、11：30～12：29に昼食の準備と食事の見守り、服薬の見守り、トイレ誘導を行っています。昼食はパン、果物、スープや麺類と簡単なものです。火・木曜日は通所介護（デイサービス）を利用しています。最近、足元のふらつきが見られるようになり、移動時はつき添うようにしています。

訪問介護計画の目標：生活リズムを守り、健康の維持・増進を図る。
具体的な援助方法：家にある材料で簡単な調理をし、薬の飲み忘れを防ぎ、筋力の低下に伴う転倒防止等に配慮する。トイレ誘導は、その日の体調によって、声かけ、見守り、つき添いなどを適切に行う。

●留意点

・家にある材料で栄養のバランスを考えながら昼食の準備をする
・体調確認のために顔色やからだの状態を観察する
・食事の摂取量や摂取状況を確認する
・薬を袋から出して手渡し、服用したことを確認する
・食事の際の姿勢保持を確認する
・トイレ誘導、移動時は転倒を防止する

● 本日のサービスの実際

　訪問時、あいさつをすると、いつもより返ってくる声が小さかったので、気にしながら様子を観察していました。昼食の準備をしていると、ベッドから起き上がりトイレへ行く様子なので、スリッパをはくよう声をかけ、きちんとはけていることを確認し、声をかけ立位になってもらいました。歩行はつき添いましたが、居間のカーペットの端にスリッパが引っ掛かって倒れそうになりました。すぐにからだを支えたので転びませんでしたが、声かけだけでしたら、転んでしまったと思うと、訪問時の様子観察は大切なことであると感じました。

　最近、ベッドからの立位も以前より時間がかかるようになってきたこと、ベッドで過ごす時間が多くなってきたことなどが気になります。

●本日の記録

○月○日	訪問時あいさつをするといつもより小さな声だった。調理をしていると、トイレへ行く様子が見えた。いつもより元気がなさそうだったのでつき添いが必要と判断し、つき添うが居間のカーペットの端にスリッパが引っ掛かり倒れそうになった。最近、動作に時間がかかるようになってきている。	櫻井

ヒヤリハット報告書

概要	発生日時	令和　　年　　月　　日（　　曜日） 　　　時　　分	
	介護職員名		
	利用者名		
	発生場所	利用者宅の居間	
	発生状況	ベッドからトイレへ誘導中、居間のカーペットの端にスリッパが引っ掛かり倒れそうになった	
対応	内容	11：30	訪問する、いつもより小さな声の返事が気になる
		11：45	ベッドから起き上がる様子が見えたので、ベッドのそばに行き、声かけで立位、移動につき添う
		11：50	居間のカーペットの端にスリッパが引っ掛かり倒れそうになったが、すぐにからだを支え転倒はしなかった
原因及び今後の対応	原因	・足の上げが足りなかった ・筋力が低下してきた ・加齢による身体機能の低下 ・バランスがとれなかった	
	対応	・身体状態の観察と再アセスメント ・家での過ごし方を考える（ベッドで過ごし、動きが少ない） ・動線の安全の見直し ・トイレ誘導のマニュアル化 ・はき物の再考	
その他		・最近、動作に時間がかかり、ベッドで過ごすことが多くなってきた、身体機能の低下が考えられる ・足元のふらつきも出てきたので、トイレ誘導はマニュアル化してほしい ・事業所内のカンファレンスでケアの統一を図る必要あり	

ヒヤリハット報告書は、簡便で書きやすい様式にし、すぐに書けるよう記録ノートのそばに置き、書いたら事業所に速やかに提出します。事業所は受け取ったら、どのような「ヒヤリハット」なのかを精査し、すぐに対応が必要かどうかを判断します。

　この事例では、サービス提供責任者は、スリッパがきちんとはけていなかったのではなく、身体機能の低下が原因であり、このままにしておくと転倒の危険性が予測されたので、援助方法の見直しが必要と判断し、カンファレンスを開催しました。カンファレンスにはサービス提供責任者、担当介護職員、参加できる介護職員数名が参加し約40分を要しました。

　カンファレンスでは、ヒヤリハット報告書を基に、以下のことが検討されました。
・足の筋力が低下し、転倒の危険性が高くなっていることを確認
・身体状態の再アセスメントをする
・家での過ごし方、動線の安全の見直しを行う
・ケアプラン、訪問介護計画の見直しを行う

●ヒヤリハット報告書の分析
　ヒヤリハット報告書を1か月ごとに集計し、どのような「ヒヤリハット」があったか、その原因はなにか、解決するためにどのような方法を考えたかなどをまとめて、業務に活かしていきます。内容によっては、利用者や家族にも参加してもらい検討していきます。
　事業所によっては、事故報告と同時に「ヒヤリハット」の結果等を

ホームページ等で公表しています。

　15頁のような様式だと書く時間がかかり、記録しないままになってしまうと考えられる場合は、下記のような簡潔な様式でもいいと思います。起こったことや「ヒヤリハット」を記録し、実践に活かすことが重要です。

ヒヤリハット記録

発生日時	令和　　年　　月　　日（　　曜日） 　　　時　　　分
介護職員名	
利用者名	
発生場所	
ヒヤリハット内容	
想定される事故	転倒　　転落　　内出血　　骨折　　打撲 切り傷　　すり傷　　行方不明　　その他

6 事例からの学び

　介護職員は、たくさんのヒヤリハット体験をします。その体験から多くのことを学び、事故が起こらないように、リスクマネジメントします。多くの体験を簡単にまとめると、以下のことが導き出せます。

（1）時間

　生活は時間とともに過ぎていき、時間で動いています。利用者も介護職員も同じです。決まりごとの判断基準にもなりますし、時間を区切って経過を観察したり、サービス内容の効果も積み上げることができます。時間に関連することはたくさんあります。

・ポイント
　①時間を守る
　②行為にどのくらい時間がかかるか予測しておく
　③利用者のリズムを把握しておく
　④ゆとりをもって行動する
　⑤時間の変更（遅れ、延長）は連絡する
　⑥効率的に動く
　⑦利用者宅の状況を把握しておく

・基本的知識やスキル
　①職業倫理の理解
　②訪問介護サービスの基本的理解
　③状況に応じた実践と応用力
　④法令遵守

⑤サービス遂行上の業務管理能力
　⑥組織人としての行動
・知っておきたいこと
　①訪問介護では、介護にかける時間によって報酬額が変わる。身体介護中心の場合の時間区分…①20分未満、②20分以上30分未満、③30分以上1時間未満、④1時間以上1時間30分未満（④以降は30分ごとに報酬を算定）。生活援助中心の場合の時間区分…①20分以上45分未満、②45分以上。
　②保険給付は、被保険者の心身の状況、その置かれている環境等に応じて、被保険者の選択に基づき、適切な保健医療サービス及び福祉サービスが、多様な事業者又は施設から、総合的かつ効率的に提供されるよう配慮して行わなければならない。（介護保険法、第1章　総則　第2条）
　③指定居宅サービスに該当する訪問介護の事業は、要介護状態となった場合においても、その利用者が可能な限りその居宅において、その有する能力に応じ自立した日常生活を営むことができるよう、入浴、排せつ、食事の介護その他の生活全般にわたる援助を行う……。（指定居宅サービス等の事業の人員、設備及び運営に関する基準（訪問介護）基本方針（省令37号　第4条））

（2）生活援助

　生活背景や価値観によって生活の仕方が違います。その違いは個別であり、その人らしい生活の基盤でもあります。マニュアルがあっても、その場や雰囲気で変わることも多々あります。なぜそうするのか、きめ細かな観察や工夫があって、その人らしい生活を支援することが

できます。
- ポイント
    ①転倒防止など安全に気をつける
    ②物品の置き場所は変えない
    ③金銭の授受を明確にしておく
    ④食品の賞味期限等の確認
    ⑤会話をしながら、利用者ができるところを探す
    ⑥壊れやすい物品がないか把握しておく
    ⑦バランスのよい食事をつくる　など
- 基本的知識やスキル
    ①衛生面や食中毒に関する知識
    ②事故の未然防止、安全の確認に関する知識
    ③その人らしい暮らし方の理解
    ④食品の鮮度の見分け方
    ⑤献立に合わせた調理技術　など
- 知っておきたいこと
    ①生活援助は、利用者の生活へのこだわりや価値観などを理解し、活かしながら援助することで、意欲や潜在能力を引き出し、自立支援や介護予防につなげる。そのために観察の視点を明確にしておく。
    ②生活援助は表面的には簡単で誰にでもできる行為に見えるが、どのようなことに配慮したか、利用者の反応や効果をわかるように記録することが重要。たとえば、掃除は、掃除を手段として、利用者が清潔で安全に暮らせるように環境整備として行うものなので、生活の継続性や危険防止の視点で観察していること、目には

見えないがその観察から実践していることの効果等を記録する。
③食事は健康維持や楽しみに欠かせないものである。高齢者の身体状況と食生活を理解しておく。

食欲は、加齢とともに基礎代謝や活動量が低下し、減退するので、食欲増進の工夫、食事環境への配慮をする。

摂食は、歯が喪失あるいは弱くなり、硬いものが食べにくくなる、上肢のまひや拘縮(こうしゅく)、握力の低下、味覚機能の低下のため、軟菜食やきざみ食にする、自助具を活用する、適切な姿勢保持を心がけるなど、適切な食事介助が必要である。

咀嚼嚥(えんげ)下は、嚥下力が弱くなることで、むせやすくなったり、唾(だ)液の分泌量が減少するため、調理形態や調理方法を工夫し、口の中でまとまりやすい形態にしたり、とろみをつけたりする。

消化・吸収は、胃粘膜の萎縮により、胃液分泌が低下する。膵(すい)液の分泌低下により、脂肪の消化・吸収力が低下。腸の運動機能の低下により消化機能が衰え、便秘がちになるため、消化しやすい食べ物を適量とり、食物繊維の不足、水分不足、運動不足に配慮する。
④高齢者は、体内の水分量が減少し、水分不足になりやすいので注意する。のどの渇きなどの自覚症状が低下し、水分摂取量が少なくなり、回復が遅れがちになる。1日1,000〜1,500ml位の水分が摂れるようにする。

(3) 身体介護

自分では動くことが不自由な利用者には、状態や状況に応じた援助が必要です。援助は意図的に行うもので、根拠に基づいて安全に行い

ます。基本的な介護技術を個別の状況に応じ応用したものが、介護行為となります。

・ポイント
　①状況を把握し、どのような危険性があるかをアセスメントする
　②アセスメントの結果、適切な知識と技術で介護を行う
　③高齢者の基本動作を理解し、安全と自立に配慮した支援を行う
　④プライバシーを守る
　⑤適切な福祉用具を活用する
　⑥見守り、一部介助、は具体的にどのようにするかを明確にする
　⑦基本的知識や技術に基づき応用する
　⑧潜在能力を引き出す　など

・基本的知識やスキル
　①高齢者の身体的特徴の知識
　②自立支援、介護予防の考え方
　③高齢者に多い病気についての知識
　④ボディメカニクスの知識
　⑤ADLやIADLの活用についての知識
　⑥ICFについての知識
　⑦基本的介護技術の習得　など

・知っておきたいこと
　①排尿のメカニズムについて、排尿は膀胱（ぼうこう）に尿が200〜300mlくらいたまると脊髄にある排尿中枢に刺激が伝わり、尿意を感じる。排尿回数は、健康な人は日中で5〜6回、夜間0〜2回、高齢になると、膀胱容量が縮小し、膀胱括約筋の弛緩により尿をためておけなくなる傾向があり、排尿の回数が多くなりやすい。

②立位介助のポイントは、立位になる前に利用者の両足が床に着き、肩幅程度に開いていること、ベッドに深く座り、安定した端座位になっていることを確認する。立位になることを説明し、利用者の意思を確認する。

③更衣介助のポイントは、衣類を利用者に選んでもらう、室温を調節し、寒さによる血圧変動を避ける、介護職員の手を温めておき不快感を避け、利用者ができる部分は自力で行えるように見守る、まひ・拘縮(こうしゅく)、痛みがある場合は「脱健着患」の基本を守る。

④入浴介助のポイントは、空腹時は脳貧血を起こしやすく、食後すぐは消化・吸収の妨げになるので、食前・食後1時間は入浴を控える。温浴は腸の蠕動(ぜんどう)運動により便通を促すので、入浴前に排泄(はいせつ)をすませておく、急激な温度差は血圧の急激な上昇を招くので、浴室と脱衣場の急激な室温の差に配慮し、シャワーは心臓に遠い足先から湯をかけ心臓への負担を軽減し、急激な血圧の上昇を防ぐ。浴室は滑りやすく転倒に気をつける。入浴後は脱水症状になりやすいので、水分を摂ってもらう。

(4) 医療的ケア

加齢とともに身体機能や感覚機能の低下等は避けられず、病気になる可能性も大ですが、個人差が大きいことも特徴です。高齢者の病気への理解や、病気をもちながら生活できるよう援助をしていくことが大切です。また、死が身近であることも理解した援助が必要です。

・ポイント
　①加齢による身体の動きの変化を把握する
　②高齢者によくみられる病気を把握する

③感覚機能の低下と危険について把握する

　④服薬と副作用について把握する

　⑤緊急時の対応を具体化しておく

　⑥観察の視点を具体化しておく

　⑦他職種との連携

・基本的知識やスキル

　①からだのしくみの理解

　②こころのしくみの理解

　③高齢者の病気の特徴の知識

　④バイタルサインの知識と測定

　⑤感染症についての知識

　⑥緊急時についての知識

・知っておきたいこと

　①高齢者の身体の動きは個人差が大きい。加齢の影響を受けやすいのはバランス能力で、バランス能力は、重心の位置を感知し、転倒しないように細やかな神経の調整が必要である。移動、移乗動作は、重心が適切に足部に位置するように、バランスを補うよう支援する。筋力は使わなければ退化する、使いすぎたら低下する、適度に使えば発達する。

　②高齢者によくみられる病気は、脳血管障害（脳梗塞(こうそく)）、脳出血、くも膜下出血）、骨折・骨粗鬆(しょう)症、心不全、呼吸不全、腎不全、高血圧、糖尿病、脂質異常症など。脳梗塞発症後、ワルファリン内服中はビタミンKが多く含まれる納豆、ブロッコリー、青汁、モロヘイヤの摂取を控える。心不全では体位に注意し、左心不全は臥位では苦しいので、起座位で楽に呼吸ができるようにする。WHOでは、

収縮期血圧140mmHg以上、拡張期血圧90mmHg以上を高血圧と定義している。

③呼吸の異常は、呼吸困難、喘鳴(ぜんめい)の有無、呼吸数、呼吸の大きさを観察する。呼吸数の正常値は12～20回／分でリズムは規則的である。脈拍を測定する場合は、体表面に近い動脈に触れる。成人では65～85回／分が正常値である。高齢者の場合は50～60回／分でも異常ではない。

リズムが規則正しい場合は整脈、不規則な場合は不整脈という。

④利用者が倒れている場合、素早い観察が必要となり、うつぶせの場合は、慎重に仰向けにしてから観察する。軽く肩をたたきながら大声で名前を呼び意識を確認、気道を確保する。口元に頬(ほお)を近づけ、胸の動きや息があるかなど呼吸を観察する、首の動脈を触って、脈拍の有無を観察する。意識・呼吸・脈拍がないときは、救急車を呼び心肺(しんぱい)蘇生(そせい)法を始め、医療職の到着を待つ。

(5) コミュニケーション

　介護は利用者のニーズに基づいて行います。利用者の意思や要望を把握するにはコミュニケーションが必要であり基本です。コミュニケーションは人間関係にも影響しますので、状態に応じたコミュニケーションが図れるようにします。

・ポイント
　①利用者の話を傾聴する
　②言語的・非言語的コミュニケーションの理解
　③利用者に合わせたコミュニケーションを図る
　④意思の確認、伝達力

⑤対人関係の構築

　⑥適切なあいさつ、雰囲気づくりができる

　⑦利用者や家族にわかりやすい説明力

・基本的知識やスキル

　①コミュニケーションについての知識

　②障害に応じたコミュニケーションの知識

　③コミュニケーション技術

　④福祉用具の活用方法

・知っておきたいこと

　①非言語的コミュニケーションには、表情、動作、触覚、服装、化粧、香り、状況、空間などがある。黙っていたり、そばにいたり、利用者が話したくなるのを待っていたり、こころの中で語りかけることなど、さまざまなかかわりがコミュニケーションである。

　②対人距離の分類に、親密距離0～45 cm（ごく親しい間柄の人）、個人的距離45～120 cm（友人や親しい会話ができる人）、社会的距離120～360 cm（上司と部下など役割関係）、公衆距離360 cm以上（個人的な関係を結ぶには遠すぎる）がある。心理的な距離を保ちながら、利用者を客観的に観察できるという観点から、利用者に対しては、個人的距離で接するのが望ましい。

　③高齢者とのコミュニケーションには、静かな場所で近くから話し、聞き取りやすい言葉を使い、音節ごとに区切り、文字・絵・しぐさ等視覚的情報も併用するとよい。

　④加齢に伴う聴力の低下は、高音域から始まる傾向があり、高音が聞き取りにくくなるので、中音か低音の穏やかなトーンで話すと聞きやすい。アイ・コンタクトは短すぎず、長すぎず、適度に視

線を合わせると自然でよい。

（6）外出介助

　介助が必要になると、行動範囲が狭くなり、外出の機会も少なくなる傾向にありますが、社会との触れ合いや外の空気に触れると気分転換にもなり、心身の活性化につながります。移動手段等、適切な介助で外出を楽しむ機会をつくるように支援します。

・ポイント
　①状態把握をし、希望に添えるようにする
　②行きたい場所までの経路を事前に把握しておく
　③移動介助だけではなく生活全般の介護技術が必要
　④外出の計画を作成
　⑤緊急時の連絡方法を確認
　⑥当日の状態を観察し、実行の判断
　⑦服装、持ち物、杖、車いす等のチェック
　⑧自立の機会をつくる

・基本的な知識やスキル
　①移動に関する知識
　②生活支援技術の修得
　③緊急時の対応についての知識
　④身体状態の観察力
　⑤コミュニケーションスキル
　⑥状況に応じた介護力

・知っておきたいこと
　①移動の際に使用する用具（杖の先端のゴム、車いすのタイヤやブ

レーキなど）の点検をし、安全に外出できるよう準備しておく。着ていく洋服や持ち物を相談しながら準備し、雰囲気を盛り立てておくことも外出を楽しみとする動機の一つになる。
②車いす介助の場合、移動を開始する際はかならず声をかけること、突然動かすことは、利用者の不安になり、危険のもとでもある。動き始め、止まるとき、坂道、段差を越えるとき、曲がるときなど声をかけて安心できる状態で移動する。
③坂道の介助は、上りは前向きで進行方向を見ながら、介護職員は、肘(ひじ)を伸ばして車いすのハンドルを握り、移動速度を一定に前傾姿勢で上がっていく。下りは、後ろ向きで介助する。介護職員は車いすのハンドルをからだに近づけ、肘を引いて握り、後ろ向きで、時々進行方向を確認しながら下りる。
④外出先では、予測のつかないことが起きる場合を想定し、傘、おむつ、着替え、飲み物、救急セット、保険証等事前に準備しておく。計画していても、状況に応じて変更することも予測し、連絡方法等の確認をしておく。

（7）認知症高齢者

　認知症について理解はしていても、利用者が認知症の場合は想定外のことが起こる可能性が大きいでしょう。外見ではわからない面が多く、援助の場面では観察と応用力で危険を回避し、その人らしい生活が継続できるように援助します。
・ポイント
　①認知症についての理解
　②脳の障害される部位によって症状が異なる

③日常生活に不都合が生じる

　　④中核症状、周辺症状の理解

　　⑤家族や介護者のストレスへの理解

　　⑥予測できない行動がある

　　⑦見守りの重要性

　　⑧利用者の生活背景の理解

・基本的知識やスキル

　　①認知症の特徴の知識

　　②認知症高齢者への生活支援技術

　　③コミュニケーション技術

　　④家族や介護者への相談援助技術

　　⑤人権擁護の知識

　　⑥制度や法令の知識

・知っておきたいこと

　　①認知症とは、何らかの脳の病気によって認知機能が障害され、それによって生活機能が障害された状態をいう。アルツハイマー型認知症、脳血管性認知症、レビー小体型認知症、前頭側頭葉変性症などがある。

　　②中核症状である見当識障害、記憶障害、失語などからもたらされる不安・混乱を抱えている。その人の置かれている環境や人間関係、性格などが絡み合って、周辺症状が起こる。介護職員は、不必要な不安・混乱を減らすようなかかわり方を考える。認知症高齢者の行動を変えようとするのではなく、介護職員がかかわり方を工夫する。

　　③認知症高齢者が拒否した場合、拒否の理由を観察し、その人に応

じた援助を考える。介護職員の常識や感覚に捉われず、いろいろな方法で対応する。理論だけではなく、感覚的な部分を活用する。
④認知症高齢者へのかかわりの基本は、プライドを傷つけないこと、話に耳を傾けること、その人をそのまま受け入れること、価値観を尊重すること、その人の人生を支えることである。
⑤認知症の初期は、家族が認知症に気づかないと失敗を叱責しがちである。家族には認知症を認めたくない気持ちがあることを理解する。家族には、介護することに身体的・精神的にかなりの負担があることを理解し、ねぎらう気持ちでかかわる。

(8) 家族対応

介護をしている家族や介護者は、日々介護に追われ、介護負担を感じることもあります。しかし、介護は365日24時間続くものです。だからこそサービスを利用することで、生活の継続ができます。介護職員は家族にはなれません。専門性を発揮して、良好な家族関係が継続できるよう支援していきます。

・ポイント
　①積み上げてきた生活を大切にする
　②家族関係を理解する
　③家族の複雑な心理を理解する
　④家族や介護者の心身状態を把握する
　⑤家族や介護者への支援の必要性について理解する

・基本的知識やスキル
　①家族への心理的理解
　②相談援助技術

③コミュニケーション技術
　④人権擁護に関する知識
　⑤介護保険制度の知識
　⑥レスパイトケアについての知識

・知っておきたいこと
　①寿命が延びたことで介護期間が長期化してきた。そのため家族にも大きな負担になってきている。また、いつまで続くのか先が見えないためストレスにもなっている。介護期間が長くなると同時に介護者も年を重ね、自分自身の健康にも不安が増してくる。
　②核家族化の現状では、高齢者夫婦世帯や単独世帯が増え離れて住む親のため、遠距離介護が必要になってきた。遠距離介護では、介護者の健康、交通費の負担、電話や通信費の負担、離れている親をどのように見守るのか等の課題がある。親の介護のため退職や転職をしている人もいる。
　③家族機能は、一般的に社会的労働や家事労働を協力して行い家族の生活を維持する経済機能、愛情やこころの安らぎを得る精神的充足機能、子育てや教育をする社会的機能、家族の安全や健康を保つ機能、介護・扶養の福祉機能、生活文化を伝承・創造する機能などがあるが、利用者本人の視点だけでなく、家族の視点からも考える。
　④家族の捉え方は、客観的条件だけでなく、個人の意識によって規定が異なる。自分にとっての家族は、同居しているこのメンバーだけ……と思っている人も多く、本人の成育歴や家族歴などの生活実態に深くかかわって形成されている。社会規範や法律・社会制度などによる家族像と合致しない場合でも、理解することが必

要である。

（9）その他
　介護は利用者との信頼関係が基盤になっています。介護を行うときは、利用者の同意を得て、状態を観察しながら、状況に応じて考え行っています。前述したことをそれぞれの状況に合わせますが、介護全体の基本姿勢としては下記のとおりです。
・基本的な介護知識や基本介護技術を修得し、利用者の個別性を把握し応用する
・利用者の生活習慣・文化・価値を尊重し、その人らしい暮らし方を尊重する
・自分でできる部分を観察し、潜在能力を引き出し自立を支援する
・自分の意思で決定し、主体的に自分らしく暮らせるように支援する
・生活場面での危険や不安を察知し、安心・安全に暮らせるように支援する
・早期発見や気づきにより、現在の状態を低下させないように予防的対応をする
・自分の存在が実感でき、生きている喜び、生きていきたいと意欲がもてるようにする
・地域住民として、社会の構成員として社会とのかかわりがもてるようにする
・専門的な視点から変化を察知し、きめ細かな観察を行う
・多様なニーズに即した支援をするために、多職種が連携・協働できるよう役割を担う
これらを意識して、その人らしい生活ができるよう支援します。

Part 2
トラブル解決事例 40

時間
生活援助
身体介護
医療的ケア
コミュニケーション
外出介助
認知症高齢者
家族対応
その他

時　間

事例01　話し好きな利用者のため、時間が延長になりそうに

　軽度の言語障害がありますが、話し好きな利用者で、一度話し始めると止まらなくなってしまいます。サービス時間を気にしながら時間の配分を考えるのですが、話を中断させてしまうのも悪い気がします。決められたサービスが終わらず、時間が延長になってしまいそうで、あわててしまいます。

対応策

話の内容を要約して、場面を上手に変えましょう

　利用者は話をしたいと思っている方が多いのですが、基本的に介護職員は業務をしながら会話することになっています。しかし、それでは利用者の気持ちは満たされませんので、きちんと利用者に向き合う時間をつくることが必要です。特にゆっくり話す方や言語障害のある方は話をするのに時間がかかるので、サービス終了時間が気になってしまい、日常的に会話の時間が少なくなっていることが多いようです。

　そこで、利用者が話しやすい雰囲気をつくり、話の内容をある程度のところで、「おっしゃりたいことは……でしょうか」と要約し、聞いていることを伝えながら、「また聞かせてくださいね」「○○をしてから、話を聞きますね」などと、場面転換を図りながらも、利用者に嫌な感じを与えないように、時間を見計らいつつ会話を楽しめるようにしましょう。時計ばかり見ていると利用者は嫌な気持ちになりますが、どうしても話が終わらないようであれば、「決められた時間があるので」と言ってわかってもらいましょう。

　また、話し好きな利用者へは、傾聴ボランティアの方に話し相手をお願いするのもよい方法だと思います。サービス提供責任者に相談し、ケアマネジャーに検討していただきましょう。

● 時　間

事例02 **時間内にサービスが終わりそうもない**

　掃除と調理の介助なのですが、部屋の中は物がいっぱいで床にも物が散乱している状況です。足元がふらつく利用者なので、歩くとき躓(つまず)いて転ぶ危険性があり、整理整頓が必要です。台所は食器が汚れたままシンクに置かれ、調理の前に片づけが必要です。掃除も、先に物を片づける必要があり、それらをしているとサービス時間がオーバーしそうになってしまいます。

対応策

支援の仕方を変えながら安全な環境づくりを考えましょう

　生活には利用者の価値観の相違が見られ、その価値観を大切にする必要があります。介護職員からすると物が散乱しているように見えても、利用者本人はそう感じていない場合もあると思います。しかし、「歩く」という動作をするのに、物に躓く危険性が予測できる場合はそうもいきません。

　なぜ、散乱した状態になってしまうのか、生活の仕方などを観察し、どのように支援すればよいのかを探ってみましょう。利用者の反応を見ながらできることを探し、支援の仕方を変えながら安全な環境づくりを考えます。

　日常で頻繁に使うものは利用者の手元近くに置き、様子を見ながら置き場所を考え、利用者と話し合いながら定位置を決め協力してもらうようにしましょう。定位置に置いてあったら、感謝や励ましの言葉をかけましょう。台所まで汚れた茶碗類を運ぶことができるのですから、洗い桶に水を入れておき、その中に入れてもらいましょう。

　それでも、時間がオーバーになってしまうことが常態化するようであれば、設定されたサービス時間が不適切と判断し、サービス提供にかかった時間を記録に残しておき、サービス提供責任者に現状を伝え適切な時間への変更も視野に入れておきましょう。

● 時　間

事例03 訪問時間に遅れそうになった

　決められた訪問時間に着くように逆算し、道路の混み具合も考えて利用者宅に向かったのですが、前の利用者宅から遠かったこともあり、着いたのが数分前でひやひやしました。今回は間に合いましたが、道路の状況等によっては遅れる可能性があります。とはいえ、早く到着しすぎるのもよくないと思います。決められた時間に行くことは当然ですが実際は難しいです。

対応策

幾通りもの行き方を考えておきましょう

　介護職員が契約した時間に行くのは原則です。利用者も時間を気にして待っているので遅れるわけにはいきません。特にサービス開始時や担当介護職員の変更時は注意しましょう。あらかじめ時間を見計らっておき、それよりも早く着くように予定しておくことは職業人として当然のことです。しかし、天候や道路状況、その他諸々の状況で想定外のことが起こることもあります。そのときはかならず利用者宅に連絡をすると同時に、事業所にも連絡を入れましょう。遅れる理由を双方が把握できている状況をつくることが必要です。

　原則は、契約時間前に到着ですが、利用者によっては定刻に呼び鈴を押すことがよい、数分前に到着しエプロンをして定刻に開始できるほうがよい、など希望やニーズも異なりますので、利用者の考え方を理解しておきましょう。退出時間も同様ですが、たまたま契約時間前にサービスの提供が終わっても退出するのではなく、会話などから利用者の状態を観察するなど有効に活用します。

　時間にはゆとりをもちたいものですが、実際は時間を気にしながらのサービス提供となり、あわただしく過ぎていきがちです。利用者の生活を支援することが最優先であり、そのためには時間が必要なのですから、くれぐれも時間に遅れることがないよう、利用者宅までの道順や交通手段等を幾通りも考えておき、状況が変化しても、時間前に着くよう柔軟に行動が取れるようにしておきましょう。

時間

生活援助

事例04 火を止めずその場を離れた

　調理中に「ちょっと来てください」と大きな声で呼ばれました。急に呼ばれたので危険な状況が起きたと思い駆けつけてみると、利用者がお茶を飲もうとして手が滑り、湯のみのお茶をこぼしていました。いつもとは違う大きな声に、あわてて駆けつけましたが、状況がわかり安心しました。ところが、台所の火を消し忘れており、あわてて戻ることになりました。

対応策

どんな場合でも、火を消してから行動することを習慣化しましょう

　調理をしていても、常に利用者の様子を観察し把握します。急に大声が聞こえれば、当然、何か危険なことが起こったと予測するのは当たり前で、急いで駆けつけることも当たり前です。

　しかし、今行っている調理は火を使っているのですから、離れた場合の危険を忘れてはいけません。いつもはわかっていても、急に状況が変わるとその場の危険を想定できない状態になる可能性があります。でも、だからといって仕方がないとは言えません。火を消すことを習慣化しておくと、急な事態が発生してもその行為をすることができます。ほんのちょっとの距離や時間であっても、火のそばを離れる場合は、いったん火を消すことが必須です。数秒だから大丈夫という油断は危険であることを常日頃から身につけておきましょう。

　危険が想定されることは、頭で理解するだけでなくからだに覚えさせ、どのような場面でも冷静に行動できるようにしておきます。いつでも危険を想定し、回避できるように行動を習慣化しておきましょう。

●●生活援助

事例05 ティッシュペーパーがポケットに入っていた

　洗濯機に洗濯物が入っていたので、そのままスイッチを入れようとしましたが、粉の洗剤を入れて洗濯物と混ざり合うように触っていたら、なんとなくいつもとは違う感触を感じたので、もう一度洗濯物を見てみたらポケットにティッシュペーパーが数枚入っているのを見つけ、取り出しました。

対応策

洗濯するときは、洗濯物やポケットの中をかならず確認しましょう

　洗濯機に洗濯物が入っていると、そのままスイッチを入れてしまいがちですが、利用者によっては、何でも放り込む人もいます。仕事として行う洗濯ですから、洗濯機に洗濯物が入っていても、取り出して、洗濯機で洗濯してもいいか、ポケットに何も入っていないかなど確認してから始めましょう。洗剤もどれがよいのか、洗濯物によって違います。わからない場合は、衣類のラベルを見て確認しましょう。特に毛糸類は縮んで着られなくなる場合もあります。

　ポケットに紙やお菓子などを入れて、そのままにしている人も少なくありません。利用者の行動を観察して、どのような傾向があるか把握しておきましょう。ポケットなどはゴミがたまりやすいので裏返して中まできれいに洗うようにしておくと、物が入ったまま洗うことはありません。

　単に洗濯機を回すというのではなく、利用者にとって洗濯する意味はどのようなことなのかを意識し、どのように行うことがサービスなのか、自宅での洗濯との違いを考えながら行いましょう。干し方にもこだわりがある場合があるので、聞きながら行いましょう。

生活援助

●●●● 生活援助

事例06 濡れた床で転びそうになった

　トイレ掃除は、全体を濡れた雑巾で拭いて、次にきつく絞った雑巾で拭くようにしていました。トイレの奥の方を拭き終わって手前を拭こうとしていると、利用者が入ってきて、まだ濡れている床にスリッパが滑って重心が崩れ、転びそうになりました。今回は、トイレの手すりにつかまったのと、すぐに気づいたので転倒は免れました。

対応策

利用者がトイレを使うことを予測して、工夫しましょう

　トイレ掃除をするときは、洗剤や水を使い、滑りやすい状況になりますが、利用者が入ってくるとは思わず、トイレ掃除に集中してしまいがちです。サービス中は利用者がその時間内でどのような動きをするか予測をしておきましょう。トイレへの誘導が必要ない利用者であれば、いつでもトイレに行く可能性はあります。つまり掃除していてもトイレを利用する可能性があると予測して、危険のないように注意しながら行いましょう。

　利用者の中には、介護職員がトイレを掃除していることがわかっているだけで、なんとなくトイレに行きたくなる人もいるようです。トイレを使うことを予測して、先に、入り口の方から掃除をすませ、急に入ってきても濡れている状態を素早く拭きとれるように、掃除の仕方を工夫しておきましょう。入ってくることに気づき、危険な状態をすぐに解消できる状態にしておけばよいでしょう。掃除をしていても利用者の動きを把握しておくことで危険防止にもなります。ほんの少しの水分でも残っていると滑る可能性があるので、水を使う場合は乾いた雑巾などを手元に置いて、すぐに拭きとれるようにしておきましょう。

•••• 生活援助

事例07 置き場所を変えてしまっていたことに気づく

　いつものように風呂掃除をしていたとき、シャンプー類が置いてある場所がぬるぬるしていることに気づき、他の場所に移して掃除をしました。その後、風呂以外の掃除や調理をして、サービスが終了間際になり、行ったサービスを振り返っているうちに、シャンプー類の置き方が気になり見に行くと、定位置ではありませんでした。いつものように定位置に戻しホッとしました。

> 対応策

移動した物品は、元の位置に戻しましょう

　生活にはその人なりのスタイルや方法があります。いちいち見て確かめて行うというより、長年の習慣で行動する場合も多いものです。風呂場で洗髪するときなど、置き場所や位置が決まっていて、シャンプーはこれと確認しないで使う人もいるでしょう。当然いつもの場所にあるものと思って、行動します。それが崩れてしまうと不快になり、掃除をして清潔が保たれても、快適な暮らしとは言えません。物品が定位置にあることで生活が保たれ、その場所にあると思って利用者も行動しています。

　介護職員としては、物品によっては他の位置の方が使いやすいと思っても、勝手に位置を変えて利用者のリズムを崩すことがないように、物品の位置はメモしておきましょう。調理の場面でも同じです。調味料や食器類、鍋類等使うものが多いとわからなくなってしまいがちですので、物品の置き場所はサービス開始時に書いておき、誰が行っても定位置に置けるように共有しましょう。利用者の都合で置き場所を変更する場合は、その旨を事業所に速やかに伝え、利用者の利便を損ねないようにしましょう。

●●● 生活援助

事例08 熱い煮物を出しやけどしそうになった

　「お腹がすいているので、早くご飯が食べたい」と言われ、急いで電子レンジとガスコンロを使って煮物や汁ものをつくり、出来立てを盛り付けて出しました。利用者が「早いわね」と言いながら湯気が出ている煮物を口に入れようとしました。口先まで運ぶと「アチチ……」。煮物が熱すぎて口に入れることができませんでした。

対応策

利用者の好みの熱さをふまえて やけどしないように注意しましょう

　強い火力で短時間に調理すれば、出来上がりもかなり熱くなってしまいます。電子レンジも時間によってはかなり熱くなります。**高齢者は皮膚感覚が低下していますので、熱さを感じにくくなっており、やけどをしてしまうことがあります。**調理を急ごうとした気持ちはわかりますが、料理の温度にも気をつけましょう。せっかくの気持ちが事故につながってしまう恐れがあることを理解しておきましょう。

　利用者の早く食べたい気持ちを満たすことも大切ですので、とりあえず、すぐに食べられるものを出して、先に食べてもらいながら、急いで調理します。手伝うことができる利用者であれば、一緒に調理に参加してもらい、早く食べたい気持ちを調理することに向けることも方法として考えてみましょう。

　料理によっては、表面は冷めたようにみえても中身が熱い物もあります。あんかけやカレー、シチュー、豚汁、揚げ物などは見かけよりも熱いので、熱さを確認してから出しましょう。食事は楽しみのひとつですから、利用者の好みの熱さを把握して、おいしく食べられるように配慮しましょう。

●● 生活援助

事例09 カロリーオーバーに気づき献立を変更

　利用者の好物は鶏のから揚げと聞いており、冷蔵庫に鶏もも肉があったので、好きなから揚げで喜んでいただこうと調理にとりかかろうとしました。ところが調理に関する留意点を振り返ると、高血圧や糖尿病でカロリーに配慮している利用者で、最近の受診でもカロリーへの配慮が強調されたばかりでした。そこで蒸し鶏にして、香りにごま油を使い利用者好みの味付けに工夫しました。

対応策

カロリーを考えつつ満足できるように、調理方法を工夫しましょう

　高血圧や糖尿病があると食べ物に配慮が必要でしょうが、そのことばかりで調理すると食欲がわかないということもありますので、食事はおいしく食べていただくことを優先するため、糖尿病食品交換表なども活用しましょう。から揚げを好きな利用者には、蒸してから少ない油でいためたり焼いたりと調理方法を工夫することでかなり満足できると思います。多くの食材を少しずつとり、目で楽しめるようにするのもよいでしょう。介護職員はいろいろな工夫をしている人が多いので、他の介護職員の工夫などを聞いて活かしましょう。また、日頃から病気や食事についての情報を得て、応用できるようにしておきましょう。

　病気が悪化しないためには、利用者本人の病気への意識が必要です。わかりやすい説明をしながら、利用者の考え方を理解し、一緒に献立を考えたり、調理に参加していただいたりして、どうしたら利用者の満足を得ながら健康の維持ができるか、共に話し合いながらつくり上げていきましょう。カロリー制限や食事管理ではなく、調理方法等の工夫でおいしく食べられるようにしましょう。

　仕事をする前に、かならず当日行うサービス内容を確認し、それに伴う留意点や個別の援助方法を頭に入れて行動しましょう。

······· 身体介護

> 事例10　**目を離し倒れそうになった**
>
> 　ベッドからポータブルトイレへの移乗介助でした。見守りでベッドで端座位になってもらいました。ポータブルトイレの位置が遠かったので移乗しやすいように直そうと、ほんの少し利用者から目を離したとき、からだが不安定になって倒れそうになり、あわてて支えました。いつも行っている介助であり、いつもの通りだったので、倒れそうになることは想像もしていませんでした。

対応策

端座位での姿勢保持の確認は必須です

　いつも行っている介助は流れで行ってしまいがちです。利用者の状態はいつも同じではありませんので、その場その場でかならず体調の確認をしながら介護することを習慣化しておきましょう。

　ベッドで端座位になることの見守りですが、端座位の位置はベッドに深い位置か浅い位置か確認します。足底が床にきちんとついて安定してからだを支えているか、手はバーを持ち上体のぐらつきはないかの確認が必要です。

　その前に、ポータブルトイレへの移乗の介助ですから、介助する前に介助に必要な物品の準備をしておきます。この場合はポータブルトイレですが、健側に置くことが原則です。健側においても、端座位の位置によっては、移乗しやすい位置に置き直します。今回はポータブルトイレの位置を移乗しやすい位置に変えようと思って目を離したようです。位置を変えるのはよいのですが、その前に端座位の姿勢保持がきちんとできていることの確認が不足していました。介護は基本をきちんと行うことが原則です。

身体介護

●●● 身体介護

事例11 バランスを崩し倒れそうに なった

　体格がよく左上下肢まひの利用者です。ベッドからリビングへ移動するために、ベッドから車いすへ移乗し、車いす介助で移動します。端座位はきちんとでき安定しています。車いすを健側に置き、車いすを右手で支え、健側の右足に力を入れて立位になってもらい、右足を軸にして回ろうとしたら、バランスを崩し、倒れそうになりました。

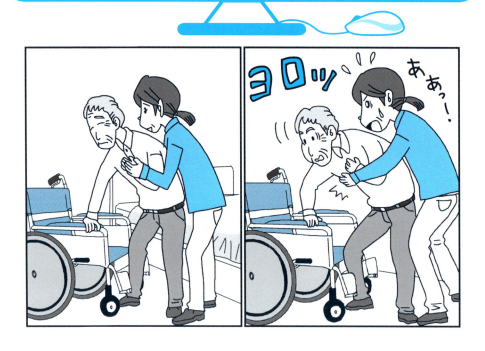

> 対応策

患側を保護しながら、ボディメカニクスを活用して介助しましょう

　移乗の際の基本は、座位姿勢を保持し、足底を床につけ、両足をベッドの方へ引き、前傾姿勢になってもらうことです。車いすは健側に置き、手の届き具合を確認します。声をかけて、健側の右手で車いすを支えてもらい、健側の右足に力を入れて立位になり安定を確認してから、右足を軸にし、患側の左足がグラグラしないように介護職員が保護しながらゆっくり車いすへ座ってもらいます。介護職員は利用者のできるところを活用していただきながら、その日の体調を見ながら介助します。

　体格がよいということですので、軸足に力を入れたとき、車いすを支えていた右手だけで上半身を支えることに無理があったのか、軸足と患側の左足のバランスが取れなかったのかが考えられますが、**介護職員は患側の左足を保護しながら利用者の腰を支え、腰を回しながら車いすへ座れるように介助します**。その際、**介助の原則であるボディメカニクス**（重心を低くする、支持基底面を広くする、移動する方向へ足先を向ける、からだを近づけるなど）**を活用します。声をかけ、次にどのような行動をするかわかるようにしましょう**。

身体介護

事例12 バランスを崩し浴槽に沈みそうになった

　脳梗塞の後遺症で片まひのある利用者に、入浴介助をしていました。最初は浴槽に入り気持ちよさそうにしていました。片手で手すりにつかまり、まっすぐな姿勢でしたが、突然、バランスを崩し、まひ側が横になり沈みかけました。片手で利用者の手をつかみ、一方の腕をからだの下に入れましたが、浮力がなかったら事故になったと思います。

対応策

目を離さずに介助しましょう

　浴室内の介助では滑らないように気をつけていても、浴槽に入ると安心してしまいがちです。浴槽内は浮力があり、からだはバランスを取りながら入っていますが、まひなどがあるとバランスを崩しやすくなります。手すりにつかまっていても、微妙な力の入れ具合でからだが揺れてしまい、その揺れや手すりのつかまり具合でバランスが崩れて、沈んでしまう恐れがあります。浴槽内はすぐに手が届く限られた空間で安全に思えますが、いつでも危険な状態であることを認識しておきましょう。

　事故を防ぐためには、基本的なことですが、目を離さないことです。ほんの少しの油断が大事故になってしまいます。利用者ばかりでなく、介護職員自身も気をつけましょう。浴室では、滑りやすいこと、浴室と室外の温度差などに気をつけましょう。入浴は気分転換にも適していますので、どのようにかかわると気持ちよく入浴することができるかを考え、短い時間でも満足感や爽快感を味わっていただき、介護が必要であっても、「この暮らし方もいいなぁ」と実感してもらえるように、ゆとりをもちながら介助しましょう。

身体介護

●●● 身体介護

事例13 **口に運ぶペースが速くなりむせそうになった**

　食事介助の必要な利用者を介助しました。始めは、ゆっくり飲み込むペースを確認しながら介助していました。声をかけながら行っていたのですが、気づいたらスプーンを運ぶペースが速くなっていて、利用者はそのペースに合わせようと黙々と口をあけてくれていましたが、次第にスプーンを運ぶペースと合わなくなり、むせそうになりあわててしまいました。

対応策

飲み込んだのを確認してから、口に運ぶようにしましょう

　食事介助は、利用者の食べるペースを見ながら、それに応じて介助することは当然です。時間とともに、ペースを速めているという意識もなく、食べて元気になってほしいと利用者の口の中を確認しないまま、介助を続けてしまいがちです。スプーンを口に運ぶ、運ばれるから口を開く、口を開くから途切れないように運んでいるうちに、ペースがわからなくなってしまいます。

　利用者の普段のペースとかかる時間を把握しておき、それを標準として、体調や食べやすさなどを考慮して、食べている表情や雰囲気を見ながら介助しましょう。食べ始めは、からだが食べる準備ができているか、水分などで食べ物の通りがスムーズにいっているかを確認しましょう。寝起きの場合は覚醒していることを確認します。**食べる姿勢もむせの原因になりますので確認しましょう。**

　言葉でコミュニケーションが取れる利用者であれば、どれを食べたいか聞きながら介助します。言語障害などで会話が不自由な利用者であれば、食べ物を指して口に運ぶ物を確認することで、次にこれを食べるのだと意識することになり、むせを防ぐこともできます。詰め込むような援助の仕方は利用者の人間としての尊厳を傷つけ、食べる意欲もなくしてしまいます。

身体介護

身体介護

事例14 浴槽へ移動するとき からだが抜け、転倒しそうに

　入浴介助時、シャワーチェアに座ってもらい、洗髪やからだを洗い終えて、浴槽へ入るために浴槽の手すりにつかまって立位になってもらいました。立位はふらつきもなく、次に浴槽をまたぐのを介助しようと上半身を支えようとしたら、ボディソープの泡が流れてきて、からだを支えようとした手が泡で滑り、利用者のからだが抜け落ちそうになりました。

対応策

ボディソープの泡が見えなくても、念入りによく洗い流しましょう

　シャワーチェアは入浴介助では必要な用具ですが、利用者はチェアの背にもたれかかり、ボディソープの泡がついたままになりがちです。一見すると泡は見当たらなくても、皮膚にうっすら張り付いている場合があります。湯桶やシャワーでの流し方を丁寧に行いましょう。背中など背もたれで見えない部分は特に手で確認しましょう。ほんの少しの泡であっても流れてきて滑る原因になってしまいます。利用者のからだだけでなく、介助する側の手やからだに泡が飛び散ってついてしまい、その泡が滑る原因にもなりますので、双方のからだに石鹸や泡がついていないことを確認しましょう。

　同時に、浴室の床や、使っている用具、浴槽等にも飛び散って思わぬ事故になってしまうこともあります。浴室内は湯気で見えにくくなっているので、手で触れたりして、確実に泡などがついていないことを確認しましょう。泡くらいなどと思わずに、入浴介助時は気を遣っても遣いすぎることはありません。特に施設では、前に入浴した利用者の泡が残っていないか確認する、次に入る利用者のためにしっかり泡を流しておくことも大切です。

　事故にならなくても、利用者がひやっとした体験をすると、また起こるのではないか、転んでけがをするのではないかなどと不安に思い、入浴を拒否する要因になってしまうこともあります。

身体介護

●●● 身体介護

事例15 **体調不良時の口腔ケアでむせそうに**

　いつもはベッドを起こして口腔ケアを行っていたのですが、気分がすぐれないというので、ベッドを上げず臥床のまま口腔ケアを行いました。胸元に濡れないようタオルをかけ、吸い飲み、受け皿（ガーグルベース）を準備し、声をかけながら、吸い飲みで口に水を入れたところむせそうになり、あわてて背中を起こしました。

対応策

誤嚥しにくい体位で行いましょう

　体調が悪いのでからだに負担をかけないという配慮は大切ですが、水を飲むという行為の基本を考えましょう。

　嚥下のプロセスは、①食べ物の形・量・質などを認知し、唾液（だえき）の分泌が促される。②食べ物を咀嚼（そしゃく）し、唾液と混ぜ合わせ飲み込みやすい食塊（しょっかい）にする。③舌により、口腔から咽頭（いんとう）へ食塊を送る。④連続した反射運動により咽頭蓋（がい）が下がって、気管入り口を塞ぎ、食塊が食道へ送り込まれる。⑤食塊は、食道から胃へ送られる。この基本的なプロセスは健康なときでも不調なときでも同じです。

　頸部の角度が飲み込みに影響します。上を向いた状態では前頸筋が緊張し、気道が開いた状態で、食べ物が気管に流れ誤嚥しやすくなります。水も同じです。上を向いたままではむせてしまうのは当然です。不調で頭を上げられない状態であれば、横向きにすれば飲み込みやすい角度になります。体調を確認しながら、嚥下の基本を押さえて、どのような体位であればむせないで飲めるかを考えて行いましょう。不調時は疲労しないように、また口腔内に食物残渣（ざんさ）（食べかす）がないように気をつけましょう。食物残渣があると誤嚥にもつながります。

身体介護

医療的ケア

事例16　119番しようとしたら動きが見られた

訪問したら、ベッドで寝ていて起こしても目を閉じて呼吸がないようにみえました。ベッドで寝ていることも多い利用者ですが、いつもは声をかけるか、からだに触れれば目を開けるのですが、目を閉じたままで動きもありませんでした。緊急を要する事態と思い、急いで119番しようと観察しながら電話のそばに行ったら、動きだしました。

対応策

冷静に観察・比較しましょう

　いつもと違うという感覚は大切です。日頃の睡眠状態を把握しておき、比較することも必要です。この日は特に深く寝入っていたように思えます。また、睡眠のメカニズムは、浅い眠りのレム睡眠と深い眠りのノンレム睡眠があり、周期的に繰り返されます。また、前日の睡眠状態によっても違いがあります。呼吸がないように見えると、それだけで緊急事態と思いがちですが、深呼吸などをして、まず**介護職員が冷静になること、客観的に観察できる状態であることが大切**です。いつもと違えば違うほど、冷静になることを意識しましょう。

　その上で、**いつもとの違いはどこか、呼吸、脈拍、体温など触れてみましょう**。あわてていると時間の感覚も乱れますので、時計を見ながら観察します。名前を呼んだり、手を握ったりして反応を見ながら、一方では救急車の要請を考え、住所、名前、状態を言えるようにし、利用者家族と事業所への連絡も考えましょう。

　反応があっても、いつもと違う様子が見られる場合は、急を要する事態かどうか判断し、必要であれば、救急車を要請しましょう。**様子を見るのに時間がかかりすぎて、初期対応が遅れないように、日頃から利用者の状態把握と緊急時の対応策は身につけておきましょう。**

医療的ケア

●●●● 医療的ケア

事例17 深く爪を切りそうになった

　足の爪が伸びたので、お湯で爪を軟らかくして、爪切りの準備をしました。いすに腰掛けてもらい、タオルの上に新聞紙を敷き、その上にティッシュペーパーを置き、足を乗せて切り始めました。昔の話をしながら爪を切っていたのですが、利用者が急に足を動かし深く切りそうになりました。

対応策

力を入れずに、少しずつ切りましょう

　爪は定期的に手入れしないと、巻き爪や爪肥厚（そうひこう）（爪が分厚くなった状態）などの変形、感染の原因になります。足の爪は動作や歩行にも影響します。足の爪は手の爪より伸びるのは遅いのですが、硬くて切りづらいことも多いので、お湯で爪を軟らかくして切ることは適切です。また、高齢者は爪がもろく割れやすいので力を入れすぎたり、大きく切ろうとせず、少しずつ切りましょう。

　手の爪は利用者にも見え、どの部分を切っているかわかりますが、足の爪は見えにくく感触だけが伝わってくるので、利用者にとっては不安もあると思います。介護職員の位置も向き合うか、利用者の横で同じ方向を向いて切るか、利用者と相談して安心できる位置を決めておきましょう。これから、どのようなことをするのか説明しながら行うと利用者が安心できます。

　準備も、たとえば、足を乗せる台を準備し、その上にタオルを敷き、足を乗せる、あるいは、台なしで、床にタオルを敷き爪先の下にティッシュペーパーを敷いて、切った爪を包んで捨てられるようにするなど、利用者によって違いますので生活の仕方をくみ取りましょう。緊張しない雰囲気をつくり、少しの間は足を動かさないように協力を求め、安全に行えるようにします。

　なお、爪切りは医行為となる場合がありますので（糖尿病等の疾患がある利用者など）、医療職と連携を図る必要があります。

医療的ケア

•••• 医療的ケア

事例18　蓄尿バッグの処理時、尿が飛び散りそうになった

　尿道カテーテルをしている利用者の蓄尿バッグ内を確認したら、尿がいっぱいになっていました。処理しようと容器を近づけ、尿量や色を観察してから蓄尿バッグの出口を開け、尿を容器に移そうとしたのですが、尿が飛び散り容器にうまく入らず、あわてて容器を蓄尿バッグに近づけたところ、こぼれずにすんでほっとしました。

対応策

蓄尿バッグを確認しながら対応しましょう

　尿道カテーテルの尿処理は、蓄尿量を確認しながら、いっぱいにならないうちに容器に空けます。利用者自身では排尿感覚がないので、介護職員が確認し開けますが、容器に空ける場合は、蓄尿バッグ内の尿の重さで排出口が圧迫されているので、排出口を止めている用具を外すとその勢いで思いのほか早く多量に出てきます。こぼれないように容器を準備し少し斜めにして、こぼれてもよいようにティッシュペーパーなどを手元に置いて行いましょう。もちろん清潔には十分注意します。止めている用具などにも尿がついているので、そこから雑菌が入らないようにします。

　尿道カテーテル利用者への介護の注意点は、蓄尿バッグは膀胱より上にならないようにすること、また、移動時は蓄尿バッグ内を空にしておきましょう。尿路感染を起こすことがあるので、尿の性状や量、浮遊物、血塊、尿路感染による発熱の有無など観察します。長期間留置しているとカテーテル周辺から尿漏れが起こりやすくなったり、カテーテルのサイズが合わなくなったりしますので観察が必要です。車いすで過ごしているときやベッドで横になっているときはカテーテルがからだの下になっていたり、折れ曲がっていないか注意が必要です。

医療的ケア

●●●● 医療的ケア

事例19 服薬時、日付の違いに気づいた

　食後、いつもの薬を薬カレンダーから出して切ろうとしたら、日付が違うことに気づきました。利用者に説明したら、「家族が薬の仕分けをして、薬カレンダーに入れてあるのを今まで疑わず飲んでいたけれども、これからは日付を確認してから飲むようにするわ。気づいてよかったわ」と言われました。

対応策

服薬介助は日付の確認をしてから行いましょう

　家族が薬カレンダーに入れたのでしょうが、**服用の日付が決まっているのであれば、その日付に従うのが基本**です。薬の種類や回数が決まっていて、朝・昼・夕で違うものもあれば、毎回同じ場合もあるでしょう。薬によっては、服用の時間が決まっている場合もありますので、訪問に慣れた利用者であっても、日付と時間はかならず確認しましょう。また、長年同じ薬を服用しているようであれば、事業所のサービス提供責任者に状況を伝えて医療職に確認、相談しましょう。介護職員だけで、いつも決まっている薬だからと判断することは避けましょう。

　内服薬服薬介助時の注意点は、かならずコップ1杯位の水や白湯と一緒に飲むことです。少しの水で飲んだ場合、薬が食道に付着し、そこに潰瘍ができることもあります。十分な水は胃の中で薬を速やかに溶かし、吸収を促進します。食間・食前・食後に飲む薬で、食事をしなかった場合でも、基本的には食事に関係なく服用します。

　ただし、糖尿病の薬は食事をしないで服用すると低血糖を起こすので、食事を優先します。服用は利用者の健康に大きく影響しますので、**基本を守り体調確認を怠らず、記録しておきましょう。**

医療的ケア

コミュニケーション

事例20　大きな声で話しかけ、嫌そうな顔をされた

　高齢になると聴力が低下し、耳が遠くなると言われているので、話し好きな利用者との会話を楽しくしようと思い、意識して大きな声を出すようにしました。ところが、大きな声を出すと嫌そうな顔をされたので、その後普通の声で話すようにしました。利用者によっては声の大きさに気をつけたいと思いました。

> 対応策

声のトーンや利用者との距離を考えましょう

　高齢になると聴覚機能が低下してきますが、大きな声であれば聞こえるのではなく、声の高さが影響します。大きな声を出すと声がさらに高くなり、ますます聞こえにくくなってしまいます。低音の方が聞き取りやすく、大声で話すより耳元で普通の声でゆっくり話すほうが聞きやすいのです。大切なことは、利用者の目を見て視線を合わせて話すことです。話をするときの距離は、斜め前で、お互いに手を出したとき、両手が重なるくらいの距離で、何かあればすぐに支えることができるくらいがよいでしょう。話しているときの表情を見ながら、距離や声のトーンなど観察してみましょう。

　言葉だけでなく、ときには身ぶり手ぶりもよいと思います。あらゆるコミュニケーションは利用者が意思表示しやすくなるための大切な手段ですから、利用者に気持ちが伝わるよう、雰囲気も大切にしましょう。特にあいさつは基本中の基本です。訪問時・サービス終了時のあいさつ、次の訪問まで不安なことはないかなどを尋ねると、利用者を思いやる気持ちが伝わります。また、介護職員から話しかけるだけでなく、利用者が話しやすい雰囲気をつくり、なるべく聞き手になるようにし、話題にも気を配るよう努めましょう。

•••••• コミュニケーション

事例21 その場の雰囲気が悪くなりそうに

　初めての訪問で、話を聞くときに、家族関係をきちんと把握しておきたいと思い、その人の顔や話の内容を頭に入れようと家族の顔を見つめていたら、その場の雰囲気が悪くなりそうな気配がして、あわてて目をそらし笑顔で柔らかく接するようにしました。

対応策

柔らかい表情で、時々、目線を合わせましょう

　話す人に目線を合わせることは基本ですが、じっと見続けられると探られているようで、怖い感じや悪い印象をもたれてしまいます。理解しようとして、一言も漏らさず聞こうと思っていても、相手にはそのことよりも、表面に表れているじっと見つめている硬い表情が目の前にあるのですから、目で見える表情から相手を推察します。

　真剣に聞こうと思うと、どうしても表情は硬くなってします。言葉も大切ですが、目に見える表情は言葉以上に相手に感情を見せていることを理解しておきましょう。初めての訪問は、双方とも緊張していますが、第一印象はその後のかかわりにも影響してきますので気をつけましょう。

　目線を合わせる頻度、どんなときに外すか、じっと見るか、さりげなく見るかなど実際にはさまざまで、その人なりの傾向があります。自分の傾向を知っておきたいものです。特に仕事をしているときの目線がどのように利用者に映っているのか気にしてみましょう。鏡のある場所を通りかかるときは、自分の顔を映して、目がきつくないかなどをチェックしてみましょう。無理に笑顔をつくるのではなく、自然に笑顔が出るような雰囲気をつくれるよう工夫することも仕事の一つです。

コミュニケーション

••••• コミュニケーション

事例22 うつ状態の人に、明るく声をかけそうに

　時折、うつ状態になる利用者が、訪問時にうつ状態で生活そのものが沈んで顔色も悪くなっていました。元気を出して元のように動かないと、心身機能の低下が進み、現状維持どころか筋力の低下で転倒してしまうのではないかと心配で、明るい声で励ましの声をかけそうになりました。

対応策

自分を責めてしまう気持ちを受け止めましょう

　うつ状態のときは、意欲がなくなり、自分を責めたり、自分がだめな人間だと考えたりと、無為・自閉の状態のため、何かをしようとしても行動がとれません。自分を否定している状態ですから、そのときに「頑張れ」などの励ましの言葉をかけられても逆効果です。自分の意欲がないのに、周りが明るくふるまうと、より自分の殻に入ってしまいます。介護職員としては、利用者の気持ちをくみ取り、気持ちのよい空間や環境と生活をつくるために必要な行動が取れるように配慮します。様子を見ながら、徐々に、生活の中での行動を増やしていけるように、身の回りでできることを見つけましょう。

　また、会話も少なく、思っていることを適切に表現することができず否定的な言葉になってしまうことが多くなりますが、どのような気持ちを伝えたいのか探ってみましょう。わかりにくい状況でも、利用者のことを理解しようとしているだけで、利用者のことを嫌っているのではないという雰囲気を伝えましょう。薬の服薬がある場合は、服用したかどうかは言葉で聞きながら、反応の仕方で様子を観察し状態把握をしましょう。つらい気持ちを推察しながら寄り添うという姿勢が大切です。

コミュニケーション

●●●●● コミュニケーション

事例23 立ったままであいさつしそうに

　仕事が終わり、帰りのあいさつをしようと利用者のそばに行きました。エプロンを外し、今日の仕事を振り返り、次回の予定を頭に入れてあいさつしようと利用者の方を向いたら、利用者はいすに座ってテレビを見ていた姿勢だったため、頭を上げて見上げるような感じになりました。見下ろしている自分に気づき、はっとして膝(ひざ)をついて利用者の目線に合わせました。

対応策

利用者の目線の高さに合わせて行いましょう

　立ったままの目線は、相手がいすに座っていると見下ろす形になります。笑顔でていねいにあいさつしても形だけで、こころは伝わりません。サービスとしての仕事は終了しても、人間としての気持ちや生活の質という点から考えると、利用者にとっては快い対応とは受け取られません。契約したサービス内容を行うことは当然ですが、その介護の仕方や技術だけではなく、それに伴う目には見えない人間的な感情が大切なのです。同じような内容に見えても、気持ちが伝わると、意欲もわき人間関係も良くなってきますし、それが福祉サービスといえるのです。そしてサービスを提供しながら、利用者の生きる意欲を育んでいるのです。

　生活の場では、慣れてくるとどうしても気軽なあいさつや声かけをしてしまいがちですが、やはり見下ろすという形は気持ちのよいものではありません。時間がない中での行為であり、小さなことのようですが、目線は人と人との関係を築く大切な要素です。見下ろされている自分を想像するとわかると思います。忙しくて目線を合わせられないときは、「立ったままで失礼しますが」ときちんとわかるように言葉で伝えましょう。言葉をそえれば、失礼であることを認識していることが理解でき、利用者は納得すると思います。

コミュニケーション

•••••• コミュニケーション

事例24 話しかけたら、うるさそうな表情をされた

　一人暮らしで寡黙な利用者です。いつもテレビを見ていて、会話も少ないので、訪問時くらい会話の機会になればよいと思い、介護職員の方から話し始めたのですが、返事が返ってこないので再度話しかけようとしたら、利用者のうるさそうな表情が見えたので控えました。

対応策

利用者の性格や状況を考え、会話の工夫をしましょう

　利用者はそれぞれ性格が違います。話しかけられてうれしい人もいれば、話しかけられるのが嫌な人もいます。これは当然のことです。だからといって介護職員を嫌っているのではありません。誰もが話し好きだとは限らないことを理解しておきましょう。うるさそうな表情ということから察すると、話したくない話題であったり、利用者の体調が不調で話をすること自体が無理な場合もありますので、単にうるさそうにされたと思うのではなく、なぜそうなのかを考えてみましょう。

　話しかけようとするあまり、一方的な話し方ではなかったか、利用者が答えようと思ってもテンポが速くてついてこれなかったのではないか、あるいは、声のトーンが高くて聞こえにくかったのではないか、なども考えてみましょう。いろいろな理由が重なってたまたまそのような状況になっていることもありますので、すぐにこうなのだと決めつけてしまわず、いろいろなかかわり方を模索して、利用者に合った会話の仕方を探ってみましょう。コミュニケーションは利用者の考え方を理解する手段として大きな意味のあるものですから、どうしたらこころの通じる会話ができるか考えてみましょう。沈黙の時間も、何かを考え思い出していることもありますので大切な会話の一部と考え、ゆとりをもってかかわりましょう。

コミュニケーション

外出介助

事例25　まひ側の手を車輪に巻き込みそうになった

　ベッドから車いすへ移乗し、深く座ってもらいました。次にフットサポート（フットレスト）に健足を自分で置き、まひ側の足を介助しました。健手でブレーキを外してもらい、車いすを押そうとして、もう一度座位姿勢を確認していたら、ゆったりしたセーターの袖とともにまひ側の手が車輪に巻き込まれそうになっていて、はっとしました。

対応策

ゆとりのある衣類は車いすの車輪に巻き込みやすいので注意しましょう

　まひがあると自分では動かせないので常に介助や保護が必要になります。車いす介助をしている場合は、利用者の動きや状態の観察は必須です。特に寒い時期は、厚着になったり、寒さよけのストールや膝掛けなどを着用するので、見えにくい部分が多くなります。その分だけ注意が必要になります。わかっていても、介助しながらいちいち膝掛けを取って状況を確認することは怠りがちです。両腕が車いすの内側にきちんと入っていることを確認し、時折、まひ側が崩れていないか観察しましょう。

　利用者の動きが激しかったり、移動時間が長くなったり、介助場面が変わったり、移乗したときは、その都度確認します。着衣にゆとりがあると、その着衣が知らず知らずに巻き込まれていることもあるので、車いすを動かす前に、利用者に確認し、さらに、介護職員自身で、巻き込み防止のチェックが必要です。まひ側は感覚機能が衰えているので、巻き込まれても感じないままになってしまいますので、移乗時や車いす介助開始時は特に気をつけましょう。車いすで過ごす時間が長くなると自然にからだが動き、同時にまひ側の位置も変わってきますので注意しましょう。

●●●●●● 外出介助

事例26 **歩行介助の際、よろけて倒れそうになった**

　スーパーへの買い物介助です。時間を見計らいながら、歩行介助していました。この利用者は骨折後、時折ふらつきがあり、一人での歩行が不安で介助が必要になりました。様子を見ていたら安定した歩行が続いていたので、少しペースを速めてみたら、よろけて倒れそうになりました。

対応策
いつでも支えられる距離で、ペースを見ながら声をかけましょう

　骨折後、不安を抱えながらの歩行では、それまでのペースとは違うことを理解しながら援助します。時間内でスーパーまでの買い物は、時間配分にも気を遣います。安全にスーパーまで往復する、必要な物を選んで買い物をする、体力の回復を観察するなど、いくつかのことを時間内で行うのですから、時間を逆算しながら行動すると、利用者のペースを気にしているようでも、どうしても時間を優先してしまいがちになります。ゆとりをもって行動しようとすると、歩行のペースをより速くすることを考えてしまいます。歩行時の声かけのため、利用者の斜め後ろにつき添っていても、知らずに歩く速度が速くなってしまいがちです。あせらないようにと思いながらも、利用者は焦りを感じてペースが乱れ、その、こころの乱れがふらつきやよろける原因にもなります。

　筋力がつき、しっかり歩行ができるようでも、緩やかな傾斜があったり、天候によっては滑りやすかったり、人の行き交いなどがある道路では、いつもとペースが変わります。また、はき物や服装、持ち物などにも注意を払いましょう。利用者を観察するとともに周りの状況も観察し、歩行しやすい環境かどうかを考えながら援助しましょう。いつ倒れそうになるか予測できないので、いつでも転倒防止できるよう、そばを離れないことが大切です。

● ● ● ● ● ● ● 外出介助

事例27 自転車とぶつかりそうになった

　近くのスーパーまで車いすでの外出介助をしていました。いつも通る道で人通りが激しい道路ではなく、近所の方に会ってあいさつしたり、本日の買い物を確認しながら車いすを押していました。曲がり角に来て、幅にゆとりをもって曲がろうとしたところ、自転車が出てきてぶつかりそうになりました。双方ともブレーキをかけて、けがはしませんでしたがドキドキしました。

対応策

一時停止するなど、周りを見ながら介助しましょう

　外での車いす介助は、常に周りの状況を把握しながらの介助が基本です。車いすは利用者の目線が低くなるので、どのように周りが見えているのかも考えましょう。高齢者にとって、外出は外の空気や人と触れ合うチャンスですから、気分転換や人との交流に活用したいところです。そのためには安全が第一で、車いすそのものの点検も必要です。タイヤの空気や摩耗、ブレーキ、座面の安定を確認しましょう。また、移動中の周りの状況は常に変化しますので注意が必要です。自転車はゆっくりのように見えてもすれ違うときなどはスピード感があり、よろけて倒れることもあるので、すれ違うときはペースをゆるめるか止まって通り過ぎるのを待ちましょう。

　止まるときや動き始めは、かならず言葉で「止まります」「動きます」と伝えるようにすると、利用者はそのことを意識することができて安心します。傍から見ていると、車いすの利用者は、介護されて動くため楽そうに見えますが、道路は平らではなく、でこぼこしていたり、傾斜があったり、それが微妙に伝わってきて思っているほど楽ではありません。車いすはいつも安定しているわけではないことを理解しておきましょう。

●●●●●● 外出介助

事例28 車いす介助時、急な坂で滑りそうに

　車いす介助で散歩に出かけました。坂道の多い地域なので、気にしながら移動していました。一見した感じでは、それほど急な坂には見えませんし、よく車で通っている道なので車いすで普通に介助しても大丈夫と安心していましたが、前向きで坂を下りようとしたら滑りそうになり、あわててブレーキをかけました。

対応策

坂道を下るときは後ろ向きで介助しましょう

　坂道を前向きで下りると、車いすが前のめりになり利用者が落とされそうになります。頭が前のめりになると、よりからだが前に出て転げ落ちる危険性があります。精神的にも不安感や恐怖心を与えてしまいます。急な坂だとスピードも出て危険度は高くなります。緩やかに見えても、思った以上に傾斜があり危険ですので、何よりも安全を優先しましょう。

　坂道は、かならず後ろ向きで進みましょう。介護職員はしっかり脇を締めて、両足を前後に大きく開き支持基底面を広くして、重心を移動させながらゆっくり介助します。後ろ向きでの介助なので、後ろの安全を確認しながらゆっくり下りましょう。また、**利用者は後ろ向きだと状況がわからず不安になりますので、声をかけながら介助すると利用者も安心できます。**登り坂の場合は、車いすが後ろに下がらないように、介護職員は脇を締め、ハンドルをしっかりと持ち、両足を前後に大きく開きゆっくり進みましょう。**上りや下りで傾斜があると、利用者は危険を感じることも多いので、事前に利用者に介助内容を説明し、安全に配慮していることを伝えておきましょう。**介助中は顔色などを観察し、声をかけ、周りの状況を把握します。ブレーキは緩やかに扱い、車いす走行がスムーズにいくようにしましょう。

外出介助

事例29 シートベルトを締め忘れてしまいそうに

　通院介助時、車への乗車を介助していました。車いすから立位になり、車のシートに座ってもらい、足元や持ち物を確認しドアを閉めました。運転席に座り、座位姿勢を確認しようと後ろを振り返ると、シートベルトが締まっていないことに気づきました。いつもはかならず、ドアを閉めるときに行っていたはずなのに、安全確認の重要性をより実感しました。

対応策

乗車介助時に確認することを、マニュアル化しておきましょう

　乗車の際はシートベルトを締めていることを確認することは基本中の基本です。あまりにも当たり前のことなので、意識しないまま行う行動になっているのでしょうが、介護サービスの業務として、安全を守るという責任感を強化し、意識して行うようにしておきましょう。かならずチェックすべき業務をマニュアル化しておくとよいと思います。

　車での送迎は、利用者の安全に配慮することはもちろんのこと、交通規則を遵守する意味でもベルトの着用は必須です。利用者によっては自分で外してしまう場合もあるので、乗車位置も気をつけましょう。認知症のある方が急にドアを開けてしまう危険を防ぐために、ドアロックはかならず行います。また、走行途中で気分が悪くなったりする場合もありますので、体調や気分の確認にも配慮しましょう。交通事情によっては、予定より時間がかかることも予測して、ゆとりをもって出かけるように心がけます。当然のことですが、日頃から車の点検や整備をしておきましょう。ベルト着用を利用者にも心がけていただくように、車内の見えやすいところにステッカーなどを貼っておくのもよいでしょう。

認知症高齢者

事例30 目を離したすきに洗剤を飲もうとした

　食後の洗い物が終わり、片づけようとしたら食器用洗剤が見当たりません。いつもの位置に置いたはずなのにおかしいなと思い、後ろにいた利用者に「ここにあった洗剤見かけなかったかしら」と聞くと、「知らない」と言いながら、何かを飲もうとする様子。よく見ると、探していた洗剤を口に入れようとしていて、あわてて止めました。

対応策

予想しないことが起こるので、目を離さないようにしましょう

　まさか洗剤を飲むなんて予想もしないことです。でも、認知機能が低下してくると、目の前にきれいなラベルの入れ物があれば、おいしそうなものに見えるのかもしれません。入れ物の形やラベルがきれいだと、見た瞬間食べられるものか否かの判断が適切にできずに、「目の前にあるもの＝食べ物」という判断になるのでしょう。

　認知症の利用者にかかわる場合は、予想していないことが起こる可能性が大きいことを理解しておきましょう。同時に利用者の行動を常に観察し、危険が起こらないようにしましょう。**観察は監視ではないので、行動を見守るという姿勢でかかわり、声かけも利用者がわかるように、プライドを傷つけないよう配慮しましょう。**洗剤や消毒剤などは、見かけがきれいで飲み物と勘違いすることがあるので、はじめに何が置いてあるか確認して、危険そうな物は介護職員のそばにおいて置きましょう。また、必要な物品以外はしまっておき、見えるところに出さないようにすることもよいと思います。

認知症高齢者

事例31 お店から出てしまい見失いかけた

　近所のスーパーで買い物介助をしました。買う物を一緒に選び会計を済ませ、買ったものを手伝ってもらいながら袋に入れていました。かごを元に戻しに行くときに、すぐそばだったので「ここにいてくださいね」と声をかけて離れたのですが、かごを置いて元の位置を見ると利用者が見当たらず、あわてて探したら出口から出ようとしていました。

対応策

外では手を離さずに行動しましょう

　いつも行っている近所のスーパーであっても、利用者はその日のその時点で行動や感覚がまちまちです。時間の流れや、行動の流れで動いているのではなく、そのときそのときで動いているので、**介護職員はその場面ごとに安全を守ることが重要です**。いつも行っているからとか、ほんの少しの時間だから大丈夫ということはありません。

　特に、**外に出たときは手を離さないようにしましょう。手をつなぐことが嫌な利用者であれば、そばを離れず声をかけながら行動しましょう**。ほんのちょっとと思う気持ちが大きな事故につながってしまうことがあります。**そばを離れないことが鉄則**です。利用者の好みの話題を見つけ、一緒にいることが楽しいという雰囲気をつくり、時間を共有できるようにしましょう。

　道路などで思わぬ事故にならないように、外出時は利用者のはき物を歩きやすいものにしたり、交通量などの移動状況等も観察しながら、安全に気を配るとともに、周りの景色を楽しんでもらうなど外の空気に触れて気分転換にもつながるように工夫しましょう。

認知症高齢者

認知症高齢者

事例32 車いすから立ち上がろうとしていた

　ベッドからリビングに車いすで移動しました。眠たそうな様子だったのでそのまま車いすで過ごしていただき、テレビの音量を小さくし、その間に調理していました。ところが、煮物の火加減を見ていたら、突然車いすから立ち上がろうとしました。すぐに声をかけ、そばに行ったので立ち上がることはなかったのですが、気づかなかったら転倒してしまったのではないかと思います。

対応策

車いすは移動に使い、車いすで過ごすことは最小限にしましょう

　車いすは移動のための道具です。車いすに座っていると安全であるように思いがちですが、フットサポートに足を乗せている状態で立ちあがろうとすると不安定になり、バランスを崩して転倒する危険性が高いのです。特に認知症のある方は、行動が予測できないことが多いので、基本を守ることが大切です。車いすは移動するときに使い、いすなどに移乗したあとは、そばに置かずたたんでおき、次に使うときにまた準備するようにしましょう。利用者のそばを離れるときは、周りの安全を確認すると同時に、目を離さずに観察しながら行動することが大切です。

　なお、テレビの音量は、小さくしていてもコマーシャルになると大きな音量に変わることもあり、そのことで利用者が反応してしまうことがあります。また、テレビを見ているようでも、単に画面が流れているだけのこともありますので、変化があったらすぐにかかわれるようにしておきましょう。

● ● ● ● ● ● ● 認知症高齢者

事例33 鍵を開けて外に出て行きそうに

　一緒にテレビを見ていたら雨が降ってきたので、「洗濯物が雨で濡れてしまうので、取りこんでくるからテレビを見ていてくださいね」といって、2階に小走りに上がりました。ほんの少しの時間だから大丈夫だと思ったのですが、様子を気にしながら洗濯物を取り込んでいたら、鍵をあける音が聞こえて、1階に下りていくと利用者が外に出ようとしていて、あわてて止めました。

対応策

少しの時間でも油断しないよう気をつけましょう

　家の中でも目を離さないことは認知症の方へのケアの原則です。テレビを見ていても、内容を理解して見ているとは限りません。画面が流れているから見ているだけの場合もあり、周りの状況が変わることで、急に落ち着かなくなってしまうことは多々あります。言葉で言って、そのことが伝わっても、内容まで理解できない場合もあります。雨が降ってきたこと、洗濯物を取り込むことはわかっても、そのままテレビを見て動かないこととの意味が結びつかないのです。介護職員が見える範囲にいたのに、急に見えなくなってしまい、利用者にとっては変化したことの意味がわからないために不安を感じ、その不安を言葉で表現することができないので、行動で表しているのです。少々洗濯物が濡れてしまうことが予測されても、利用者と一緒に行動することが安全につながります。ほんの少しだから、テレビを見ているから、と思わないで、いつでも見える範囲で、何か起こったらすぐに手を貸せる状況にしておくことが大切です。

- 家族対応

事例34 家族の悪口にうっかりうなずきそうに

　右上下肢にまひがあり、日常生活では一部介助が必要です。長男の家族と同居しており、息子の嫁にもかなり負担がかかっています。精神的な部分はしっかりしているので、嫁と意見が合わないことも多々あります。介助中もよく嫁のことを話題にします。本日も「嫁に世話にはなっているが」と言いながら悪口になっていき、うっかり相槌を打ちそうになりハッとしました。

対応策

どちらの意見にも善し悪しの判断は避けましょう

　日々の生活で介助が必要であれば、家族に介助をしてもらう機会はかなり多いと思います。そのどれもが利用者の気に入るような介助やコミュニケーションとは限りません。その愚痴のはけ口として、介護職員に言っているので、**善し悪しの判断はせず、聞いているだけにしましょう。**時には、同意を求められることもあるでしょうが、援助の基本を思い出してください。

　利用者と援助者の望ましい援助関係に非審判的態度があります。第三者として聞いていましょう。うっかり、相槌を打つと「ヘルパーさんが言っていたわよ」となってしまいますので、あくまでも話を聞いていただけであることを態度で示すようにしましょう。時間が経つと事実が曖昧になってしまい、介護職員が言ったということだけが残ってしまうと、家族からも、仕事をする姿勢ができていないと思われ、援助関係がよくない方向に行ってしまいます。

　一緒に生活していれば精神的な摩擦が起こることは当然であること、利用者にもいろいろ複雑な気持ちがあることを理解して、対応しましょう。

• • • • • • • • 家族対応

事例35　調味料補充のお願い

　調味料がなくなりそうで連絡ノートに補充のお願いを書こうと思っていたところ、ご家族がちょうど仕事から帰ってきました。少なくなった調味料のことを説明したら、「明日、買っておきます」と、いつもより声にとげとげしさを感じました。仕事をしているので、いつでも買いに行けるわけではないだろうからと伝えたつもりだったのですが、気を悪くさせてしまったようでした。

対応策

家族の生活の仕方に配慮しましょう

　調味料が不足していると、調理に困るだろうと気配りしたことはよいことです。しかし、家族によっては、仕事をしていても、生活全般をきちんと管理していることが主婦としての誇りと思っている方もいます。その辺りをどの程度、配慮するかは難しいと思いますが、家族の雰囲気や整理整頓、保管状態等を見ながら推察しましょう。

　また、調味料や日用品が少なくなってきたら、どのようにすればよいかをあらかじめ確認しておくと、双方とも嫌な思いをしなくてもすみます。生活にはそれぞれの価値観や考え方があり、それを尊重することが大切です。サービスを開始する前にアセスメントをきちんとしておきましょう。

　さらに、サービスを重ねていきながら、生活の仕方などを把握し、適切な援助ができるように記録等に残し情報を共有しましょう。調味料などが少量になった場合の連絡方法も把握して、良好な関係が保てるようにしましょう。家族との関係が良好でないと、利用者へのサービスにも影響が出てきてしまいます。生活は家族も含めて営んでいることを意識しましょう。

●●●●●●●● 家族対応

事例36 **サービス期間が長期になり、言葉遣いが**

　同じ利用者に長期間サービスを提供しています。最初は緊張しながら介護していましたが、長期にわたった今では、利用者が胸の内を話してくれるまでになりました。そのことはよいのですが、先日、いつものように話をしていたら、利用者は気にしてなかったようですが、自分では慣れてきて、家族のようなくだけた言葉遣いになっていたように感じ、ハッとしてしまいました。

対応策

専門職として基本姿勢を忘れないよう心がけましょう

　利用者と長期間かかわって、気持ちが近づき親しくなることは、安心して話ができる関係になったという点においてはよいことです。しかし、専門職として介護をしていることを忘れてはいけません。どんなに利用者の気持ちが理解できても家族にはなれません。気持ちを近づけても、客観性は必要です。言葉遣いも、堅苦しい敬語を使うというのではなくても、表面の話し言葉の裏に尊敬の念をもっていることが必要です。そうね→そうですね、おはよう→おはようございます、食べる→食べますかなど、日常使っている言葉も場面にふさわしい言い方をしましょう。

　利用者は親しい言葉に慣れてきても、そのことで安心するのではなく、親しいなかに尊敬の姿勢があるから安心できるのであって、表面的な親しい言葉だけでは安心できません。サービス期間が長くなっても、専門職としてサービスを提供する基本的な姿勢を意識してかかわりましょう。

　話題によっては、少しくだけた言葉を使ったほうが、その場の雰囲気に合う場合もあります。その場その場の雰囲気や利用者の気持ちを考えながら臨機応変に対応したいものです。利用者の尊厳を守ることを基本姿勢にもち、状況に応じて応用していきましょう。

家族対応

> その他

事例37 カイロを皮膚に直接貼りそうになりました

　利用者から「寒いからカイロを貼って」と言われ、私がいつものように使い捨てカイロを袋から出し、利用者もいつものように衣類を上げ始めました。背中を向けていたので、シャツの背中に貼ろうとしたら、利用者が間違えてシャツもまくり上げていました。あわてて両手に持っていた使い捨てカイロを片手に持ち、シャツを下ろしてもらいました。

対応策

いつものことであっても、その都度、確認しましょう

　カイロを貼るという行為は、いつも行っていることであっても、話をしながら利用者に衣類を上げてもらい、その様子から身体状態を確認するということも介護職員の大切な職務である、という視点をもっておくと、うっかり肌に直接貼ってしまうことは避けられるでしょう。流れのまま惰性で介護を行うのではなく、その都度利用者の反応を確認しながら行いましょう。

　使い捨てカイロは低温で、長時間貼っておくことが多いものですが、低温やけどが起こらないように、また、シャツに貼ったまま洗濯してしまわないように注意しましょう。

　いつも行っている行為は、流れで行ってしまいがちです。第三者から見たら同じように見える行為も、その基本となる考えや意識は見えないのが介護の特徴です。だからこそ、なぜこの介護が必要なのかという根拠が大切なのです。介護を行う根拠があって介護行為になっているのですから、なぜ、この行為をするのかを考えながら行いましょう。また、日常生活においては、利用者にその都度確認しながら行うようにしましょう。

その他

.... その他

事例38 終了時間が近づき、「帰らないで」と言われたが

　一人暮らしの利用者に、終了時間近くになって「帰らないで」と言われました。「なんとなく気分が悪い」と言うのですが、変化はみられません。ただ、普段そのようなことを言う利用者ではないので、サービス提供責任者に連絡し、しばらく様子をみることにしました。しばらくすると、利用者は目を閉じ意識が薄れてきたので救急車を要請しました。結局大事に至らずほっとしました。

対応策

必要に応じ相談し、
臨機応変に対応しましょう

　多くの利用者はサービス時間については理解していますが、時折、終了時間が近づくと不満そうにする方もいます。サービス時間を守ることはもちろん大切ですが、一人暮らしの利用者の場合は、次のサービスまでの生活状況等の把握も必要です。特に健康については、状態の把握は欠かせません。予測できないことが起こる可能性も大です。

　今回のように、いつもは言わない利用者が「帰らないで」と言ったことに対して、サービス提供責任者に相談したことは適切な判断です。何が起こるかわからない中で、判断に迷った場合は、すぐに相談しましょう。状況によっては緊急対応が必要な場合もありますので、常に緊急時の対応や連絡方法等も把握しておきましょう。

　介護は、生活全体を支援することであり、常に利用者の状態を把握し、適切に行動できることが重要です。限られた時間で行うサービスなので、時間を守ることは重要ですが、時間が最優先ではなく、利用者の生活が主であることを意識して仕事をしましょう。

.... その他

事例39 体調不良で訪問を交代した

　訪問サービスの日に、なんとなく体調不良でした。熱もなく、インフルエンザの予防接種も受けていましたし、これくらいで訪問サービスに穴をあけてはいけないと思いましたが、事業所に連絡したところ、利用者に迷惑がかかるかもしれない状況では訪問は無理であると言われ、休養することにしました。

対応策

感染の恐れがある場合は、訪問は交代してもらいましょう

　利用者は免疫力が低下し、感染しやすく、病気になると悪化しやすいということを理解しておきましょう。たとえ、予防接種をしていても安心できません。あくまでも、現在の体調で判断しましょう。利用者は元気に見えても、ひとたび病気になると急激に身体機能が低下したり、病状が悪化する傾向にあります。そのために、感染防止や予防は必須です。日常的には手洗い、うがいの励行をします。ほんの少しの咳でもマスクをして、咳による飛沫感染を防ぎます。

　訪問の予定に穴をあけることも、利用者に迷惑がかかることですが、これは事業所内で別の介護職員に交代することで解決できます。もちろん、日頃から健康管理をしておくことは言うまでもありませんが、風邪などの流行時は特に気をつけましょう。支援する側が感染源とならないことが大原則です。

　高齢者は内臓などの多くの病気をもっており、症状・訴えがわかりにくい、成人とは症状・訴えが異なる、一人ひとり訴え方に違いがある、感染症によって寝込んでADLが悪化し、QOLの低下を招く、発熱や痛みが苦痛につながるなど、高齢者にかかわる仕事をしているのですから高齢者の疾患の特徴も理解しておきましょう。

······· その他

事例40 記録にどの程度まで残すか、判断に迷ってしまう

　記録を書くことは当然なのですが、どの程度のことを書けばよいのか気になっています。変化があったり、状態を把握したときは書くのですが、なんとなく感じたことはどうすればよいのか、また、表面化したものは書きやすいのですが、自分だけが気になることかもしれず、記録する時間も少ないので、どうしてもわかりやすいことを書くことが多くなっています。

対応策

様子や反応、気になったことも記録しましょう

　記録は利用者の状態や適切なサービスを行ったことを立証するために大切な情報となります。行ったサービス内容だけでは、利用者の全体像はつかめません。専門職として、どのようなサービスを提供したかの事実を記録し、留めておくことが必要です。配慮したことや工夫したことなどは見えませんので、どのように配慮や工夫をしたのか、それはなぜなのか、利用者の反応や結果はどうだったのかを記録することで、見えない介護が見えるようになります。

　たとえば、食べこぼしについても、少しくらい多くなったとしても、生活そのものには直接影響はありません。しかし、もしかしたら、何かの病気の前触れや、不安や悩みといった精神的なことから来ているのかもしれません。情報があれば、他の人たちもいつも以上に注意して観察し、状況によっては他職種にとって必要な情報となることもあります。なんとなく感じていることは、ただなんとなくではなく、専門職としての気づきであると思いますので、記録として残しておきましょう。記録にないと、後日、気になっていたことが原因になっていたのかはっきりわかりません。記録は見えない専門性を可視化できる重要なものです。

その他

【編著者略歴】
是枝 祥子（これえだ さちこ）

東洋大学社会学部応用社会学科卒業。専門は介護福祉学。
神奈川県立厚木児童相談所・心身障害者更生相談所非常勤相談員、社会福祉法人福音会特別養護老人ホーム副施設長、同在宅介護支援室室長等で現場経験や管理職経験を積む。
厚生労働省等の各種委員や介護福祉士国家試験委員、東京都介護福祉士会会長などを歴任。
大妻女子大学人間関係学部教授を経て、現在、大妻女子大学名誉教授。

◎編集協力／株式会社エディポック
◎表紙デザイン／尾崎真人
◎本文デザイン／株式会社ウエタケ
◎表紙・本文イラスト／山藤ひろみ

介護職員スキルアップテキスト２
マンガでわかるトラブル解決事例集
―― 知っててよかった困った時の対応術

2012年12月13日　初　版第１刷発行
2019年９月26日　第２版第１刷発行

編著者　是枝　祥子
発行者　林　諄
発行所　株式会社 日本医療企画
　　　　〒101-0033　東京都千代田区神田岩本町4-14神田平成ビル
　　　　TEL 03-3256-2861（代）
　　　　http://www.jmp.co.jp/
印刷所　凸版印刷株式会社

©Sachiko Koreeda 2012, Printed in Japan
ISBN978-4-86439-857-2 C3036
定価は表紙に表示しています。
本書の全部または一部の複写・複製・転訳載等の一切を禁じます。これらの許諾については小社までご照会ください。